Stefan Grzesikowski

Schulangst und Schulangstreduktion

Stefan Grzesikowski

Schulangst und Schulangstreduktion

GRIN Verlag

Bibliografische Information der Deutschen Nationalbibliothek: Die Deutsche Bibliothek
verzeichnet diese Publikation in der Deutschen Nationalbibliografie; detaillierte bibliografische Daten sind im Internet über http://dnb.d-nb.de/ abrufbar.

1. Auflage 2007
Copyright © 2007 GRIN Verlag
http://www.grin.com/
Druck und Bindung: Books on Demand GmbH, Norderstedt Germany
ISBN 978-3-638-91937-1

Universität Potsdam
Institut für Psychologie
HS: Der ängstliche Schüler
WS 2006/2007

Schulangst und Schulangstreduktion

1. Einleitende Bemerkungen

Angst ist in unterschiedlichen Abstufungen allgegenwärtig und auch normal, was mit ihrer ursprünglichen biologischen Funktion zusammenhängt, welche ja auch hilft das Überleben zu sichern, indem in Bedrohungssituationen mit Angst reagiert wird. Trotz dieser durchaus positiven Funktion kann Angst auch eine Beeinträchtigung in vielen Lebensbereichen sein, wenn sie nicht in angemessenem Maße auftritt oder gar eine Angststörung vorliegt. An einer klinisch relevanten Angststörung leiden der Bundes-Gesundheitssurvey von 1998 zufolge immerhin 14,2 Prozent der 18- bis 65jährigen Befragten im Zeitraum eines Jahres. Die Lebenszeitprävalenz konnte in dieser Studie nicht erhoben werden, doch man geht davon aus, dass sie nicht sehr von der 12-Monatsprävalenz abweicht.[1] Trotz zum Teil großer Unterschiede zwischen den einzelnen Angststörungen kann man mit Ausnahme der Generalisierten Angststörung, bei der das höchste mittlere Ersterkrankungsalter bei 35 Jahren liegt, festhalten, dass sich bei etwa 85 Prozent der Betroffenen einer Angststörung die Krankheit bereits in der Adoleszenz manifestiert.[2]

Die Kinder und Jugendlichen dieses Entwicklungsalters verbringen einen Großteil ihrer Zeit in der Schule, wodurch ihr naturgemäß eine Betroffenheit zukommt. Zudem ist die Frage, inwieweit die Schule als sozialer Raum und als Raum, in dem Leistungen abgefragt und bewertet werden nicht auch als Auslöser bzw. Mitverursacher solcher Störungen zu sehen ist. Doch nicht erst, wenn eine pathologische Störung vorliegt, muss sich die Schule bzw. die jeweilige Lehrkraft für die Ängste seiner Schüler interessieren. Auch nicht behandlungsbedürftige Ängste haben einen in dieser Arbeit noch zu klärenden Einfluss auf den Schüler, auf sein Verhalten, Leistungsvermögen, Wohlbefinden usw., sollten also im täglichen Umgang des Lehrers mit dem Schüler mitbedacht werden.

Ziel der Arbeit ist es, das Phänomen Schulangst in seinen Facetten darzustellen und so hoffentlich zu klären, um dann nachfolgend zum Umgang damit in der Praxis zu kommen. Als angehender Lehrer ist es natürlich besonders wichtig für mich, wie ich Schulangst erkennen kann und wie ich ihr begegne. Diese Arbeit folgt dabei weitestgehend den kognitiven Ansätzen der Psychologie. Dies meint, dass andere klassische Schulen der Psychologie, wie die Psychoanalyse oder der Behaviorismus, welche sich ebenfalls ausgiebig mit dem Phänomen Angst beschäftigten, größtenteils ausgeklammert werden sollen.[3] Diese Konzentration auf einen Ansatz soll Verwirrungen vermeiden und eine stringente Arbeit ermöglichen.

---

[1] Vgl. *Gesundheitsberichterstattung des Bundes*, Heft 21, 2004, S. 11.
[2] Vgl. *Gesundheitsberichterstattung des Bundes*, Heft 21, 2004, S. 13.
[3] Eine sehr umfassende Darstellung der verschiedenen Theorien und Modelle zu Angst und Angstentstehung findet sich bei Krohne 1996, S. 153-269.

2. Schulangst

2.1. Angst allgemein

Angst kann nach Schwarzer und Krohne ganz allgemein erst mal als ein unangenehmes Gefühl beschrieben werden, welches auftritt, wenn eine Situation als Bedrohung gewertet wird. Entscheidend ist dabei allerdings nicht die objektiv vorliegende Gefahr oder Bedrohung, sondern die subjektive Bewertung der Situation als angstauslösend durch das Individuum. So kann natürlich eine Vielzahl von objektiv ungefährlichen Situationen angstinduzierend interpretiert werden.[4]

Mit dieser Einordnung der Emotion Angst wird wie bereits angekündigt ein kognitiver Ansatz verfolgt, der zu großen Teilen auf Lazarus und seiner kognitiv-transaktionalen Theorie von Stress und Emotionen aufbaut. Demnach wird in einer Stresssituation zuerst eine Ereigniseinschätzung (primary appraisal) und beinahe gleichzeitig eine Ressourcenein-schätzung (secondary appraisal) durchgeführt. Beim primären Einschätzungsprozess kann die Situation als stressinduzierend, günstig oder aber irrelevant gewertet werden. Wenn die Einschätzung als stressauslösend erfolgt ist, schließt sich eine ressourcenabhängige Wertung als Bedrohung oder Herausforderung an und die möglichen Bewältigungsmaßnahmen werden überprüft. Angst entsteht nun, wenn aus diesen Bewertungsprozessen hervorgeht, dass das Ereignis relevant und eine Bedrohung ist, mit der auf Grund von ungenügenden Bewältigungs-maßnahmen nicht adäquat umgegangen werden kann. Dem schließen sich dann Bewälti-gungsprozesse und Neubewertungen an. Die geschilderten Bewertungsprozesse sind von interagierenden antezedenten Bedingungen abhängig, was bei Lazarus Situationsvariablen und Persönlichkeitsvariablen meint. Situationsvariablen meint bewusst wahrgenommene oder unbewusste Umweltfaktoren und Persönlichkeitsvariablen werden als das Ergebnis der bio-logischen und kulturellen Herkunft sowie der Biographie einer Person verstanden und meinen zum Beispiel die spezifische Angstneigung oder die Bewältigungsstrategien einer Person.[5]

Diesem Ansatz folgend ist Angst also ein sehr subjektives Gefühl, welches durch eine erlebte Bedrohung entsteht. Zu unterscheiden sind drei unterschiedliche Ebenen der Reaktion auf diese vermeintliche Bedrohung: die kognitive, emotionale und körperliche Reaktion. Die kognitive Ebene setzt sich aus den bereits dargestellten subjektiven Bewertungsprozessen und den auf die eigene Person bezogenen Gedanken zusammen. Mit der emotionalen Reaktion ist das unangenehme Gefühl gemeint, welches sich auch auf der dritten Ebene, in körperlichen Veränderungen, wie zum Beispiel beschleunigtem Herzschlag oder ähnlichem, zeigt. Von

---

[4] Vgl. Schwarzer 2000, S. 88 und Krohne 1996, S.8.
[5] Zu Lazarus' Theorie von Stress und Emotionen vgl. Stöber/Schwarzer 2000, S. 189 u. Sörensen 2002, S. 21-32.

Sörensen wird deutlich gemacht, dass Angst als hypothetisches Konstrukt verstanden werden muss, welches selbst nicht messbar ist. Gemessen und somit wirklich wissenschaftlich erfasst werden kann nur die Reaktion des Individuums auf den dargestellten drei Ebenen.[6]

Für das von Angst betroffene Subjekt ergeben sich zwei Erlebenskomponenten der Angst. Einige Autoren nennen zwar weitere Aspekte, doch unter anderem nach Krohne sind die wichtigsten unterscheidbaren Komponenten im Erleben von Angst Aufgeregtheit bzw. Emotionalität (‚emotionality') und Besorgnis[7] (‚worry').[8] Diese Unterscheidung geht auf die Forschung zur Leistungsängstlichkeit zurück, wird allerdings heute auch in anderen Bereichen der Angstforschung angewandt. Die emotionale Komponente meint dabei die Wahrnehmung autonomer Erregung in Form von Erröten oder beschleunigtem Herzschlag. Besorgnis ist die kognitive Komponente der Angst und meint negative Erwartungen, Selbstzweifel und Sorgen hinsichtlich der eigenen Leistungsfähigkeit. Besonders letztere Erlebenskomponente, also die Sorgen um das eigene Können wirken sich leistungsmindernd aus. Zu unterscheiden ist eine allgemeine, ständige Besorgtheit von einer Besorgnis, welche auf eine konkrete Situation, zum Beispiel eine Prüfung, gerichtet ist. Beide Formen stellen allerdings eine mentale Intrusion dar, sind also Störgedanken, die kaum oder gar nicht kontrollierbar das aktuelle Handeln begleiten und es sogar ungewollt unterbrechen können.[9]

Für die begriffliche Klarheit ist zudem die auf Spielberger zurückgehende Unterscheidung zwischen Angst als Zustand (state) und Ängstlichkeit als Disposition (trait) von enormer Bedeutung. Diese kann anhand des Angstauslösers vorgenommen werden. Die Zustandsangst wird demzufolge durch einen situativen Reiz ausgelöst, wohingegen bei der Ängstlichkeitsdisposition das Persönlichkeitsmerkmal selbst ursächlich für ein Angstgefühl ist.[10] Weitere Merkmale charakterisieren beide Formen der Angst. So ist die aktuelle Angstemotion (state) ein affektiver Zustand des Organismus, der sowohl in Bezug auf seine Intensität, als auch zeitlich je nach Situationsveränderung variiert und durch eine gesteigerte Aktivität des autonomen Nervensystems, die Selbstwahrnehmung von Erregung, ein Gefühl des Angespanntseins sowie die beiden Erlebenskomponenten Besorgnis und Emotionalität. Während also die Zustandsangst (state) eine akute Reaktion auf ein bestimmtest Ereignis ist, ist Ängstlichkeit (trait) durch eine von Person zu Person variierende aber innerhalb des Individuums relativ stabile vorhanden Neigung, eine Situation als Bedrohung zu interpretieren und

---

[6] Für eine Übersicht der einzelnen Definitionsansätze von Angst siehe Sörensen 2002, S. 2-3.
[7] Laut Schwarzer wird die deutsche Entsprechung ‚Besorgnis' oft zur Beschreibung des Zustands angewandt, wohingegen dann ‚Besorgtheit' die Dispositopm bezeichnet. Leider erfolgt diese sinnvolle Unterscheidung der beiden Termini nicht einheitlich. Vgl. Schwarzer 2000, S. 96.
[8] Vgl. Krohne 1996, S. 17-18.
[9] Zu den Erlebenskomponenten der Angst vgl. Krohne 1996, S. 14-18 und Schwarzer 2000, S. 96-98.
[10] Vgl. Sörensen 2002, S. 6.

darauf mit einem gesteigerten Angstzustand zu reagieren. Diese Tendenz, viele Situationen oder Ereignisse als Bedrohung einzustufen und demzufolge mit Angst zu reagieren, bezeichnet man als erhöhte Angstneigung. Die Unterscheidung in Personen mit hoher Angstneigung und in solche mit niedriger Angstneigung erfolgt in der Regel mit Hilfe von Fragebögen. Wichtig dabei ist nach Schwarzer, dass anzunehmen ist, dass bei jedem Menschen in unterschiedlicher Intensität eine Ängstlichkeitsdisposition vorliegt, womit das Persönlichkeitsmerkmal selbst normal ist und lediglich eine starke Ausprägung dessen zu vermehrter Angstreaktion führt.[11] Eine weitere Unterscheidung zwischen Angst und Furcht anhand des Objektbezugs wäre an dieser Stelle denkbar, ist jedoch für diese Arbeit, in der es ja um Schulangst geht, wenig zielführend. Zudem ist, trotz der theoretischen Unterscheidbarkeit, Furcht, verstanden als eine konkrete Angst, durch einen allgemeinen Angstbegriff eingeschlossen und die genaue Differenzierung in der Praxis schwierig.[12]

2.2. Schulangst in Abgrenzung zur Schulphobie

In der Forschung zu schulvermeidendem Verhalten werden in der Regel Schulschwänzen, Schulangst und Schulphobie unterschieden. Auf die erste Form, das Schulschwänzen, wird allerdings in der Folge nicht vertiefend eingegangen, da hier Angst keine große Rolle spielt, sondern die Vermeidung von unlustbetonten Schulsituationen und die Hinwendung zu lustbetonten außerschulischen Ersatzhandlungen mit Gleichaltrigen im Vordergrund stehen.[13]

Anders verhält es sich bei Schulangst und Schulphobie, wo jeweils in unterschiedlicher Weise Ängste wirken. Die Begriffswahl erscheint unglücklich, da Angst und Phobie synonym verstanden werden könnten, es sich allerdings um unterschiedliche Phänomene handelt. Schulphobie kann als behandlungsbedürftige Form länger anhaltender Schulbesuchsverweigerung auf Grund von Ängsten definiert werden. Wobei die Kinder im Gegensatz zum Schuleschwänzen mit Wissen der Eltern die Schule verweigern und keine ausgeprägten dissozialen Verhaltensstörungen zeigen.[14] Die Schulphobie tritt nach Petersen meist schon recht früh auf, etwa im Kindergarten- oder Einschulungsalter, kann aber auch Folge eines Schulwechsels sein. Sie äußert sich auf ihrem Höhepunkt in Panikattacken mit amorphen Angst- und Spannungszuständen sowie zum Teil massiven somatoformen Beschwerden, kündigt sich allerdings schon im Vorfeld durch Veränderungsängstlichkeit und Anklammerungstendenzen des Kindes sowie durch Auftreten von somatoformen Störungen, wie zum Beispiel Kopf- und

---

[11] Zur Unterscheidung von Angst und Ängstlichkeit vgl. Krohne 1996, S. 4-8 und Schwarzer 2000, S. 90-91.
[12] Zur Unterscheidung von Angst und Furcht siehe Krohne 1996, S. 8-9 und Sörensen 2002, S. 4-6.
[13] Zu Schulschwänzen, Schulangst und Schulphobie siehe Petersen 2001, S. 596-597. Schulvermeidendes Verhalten wird teilweise auch anders untergliedert. Siehe u.a. Kearney 2001, S. 4-8; Heyne/Rollings 2002, S. 12.
[14] Vgl. Rost/Schermer 2001, S. 406.

Bauchschmerzen oder Schlafstörungen an. Ursächlich ist bei der Schulphobie nicht die Schule selbst, obwohl der Begriff dies ja eigentlich impliziert. Die panikartige Reaktion auf Schule und die Tendenz, den Schulbesuch zu verweigern, sind lediglich Äußerungsformen der Angst vor dem Verlassenwerden oder dem Verlust einer wichtigen Bezugsperson. Zu Grunde liegt also eher eine Trennungsangst[15], die in der Regel familiär bedingt ist und sich lediglich im schulischen Rahmen äußert.[16] Nach Essau bestätigen Studien von Berg u.a. diesen Zusammenhang zwischen Schulphobie und Trennungsangst, wobei Essau allerdings den Begriff Schulphobie weiter anwendet und ihn anscheinend synonym mit Schulangst als Bezeichnung für die übermäßige und irrationale Angst vor bestimmten Reizen in Zusammenhang mit Schule und Angst vor sozialer Bewertung sieht.[17]

Im Folgenden wird allerdings vorerst weiter der Typologie Petersens gefolgt, wonach Schulphobie von Schulangst abzugrenzen ist. Gründe für schulvermeidendes Verhalten durch Schulangst sind nach Petersen ängstigende oder kränkende Schul- und Leistungssituationen. Leider sind auch bei Schulangst die Termini nicht immer ganz klar. So wird Schulangst häufig mit Prüfungsangst oder, synonym damit verwendet, mit Leistungsangst gleichgesetzt. Auch die Unterscheidung zwischen einer generellen Neigung zur Ängstlichkeit und der Angst vor einer spezifischen Situation, vor einer Prüfung oder einem Vortrag, wird nicht immer bedacht. So auch von Petersen, der allerdings trotz seiner Gleichsetzung mit Leistungsängstlichkeit betont, dass Schulangst primär an schulischen Leistungs- und Sozialerwartungen orientiert sei.[18] Auch Strittmatter versteht Schulangst als relativ stabile Bereitschaft schulische Situationen, vor allem Leistungssituationen, als Bedrohung zu interpretieren.[19] Beer geht es in seinem Schulversuch ebenfalls nicht um die Reduktion von Schulangst. Sein Schwerpunkt liegt ebenfalls auf einem angstbedingten Leistungsabfall in schulischen Prüfungssituationen und somit auf Leistungsangst.[20] Trotz der deutlichen Fokussierung der Autoren auf Prüfungssituationen und somit Prüfungsangst scheint bei allen Untersuchungen der soziale Rahmen, in welchem die Leistung durch den Schüler in einem schulischen Umfeld in der Regel erbracht werden muss, mitbedacht zu sein. Dadurch wird deutlich, dass Sozialangst mit schulischer Leistungsangst in Verbindung steht, bzw. sogar oft ursächlich ist, wie Schwarzer es formuliert.[21] Da sich Schulangst, verstanden als Begriff für Ängste in Bezug auf Schule und

---

[15] Siehe dazu ICD-10: F 93.0 in Dilling/Mombour/Schmidt/Schulte-Markwort 1994, S. 195-196.
[16] Zu Schulphobie vgl. Petersen 2001, S. 596-600.
[17] Vgl. Essau 2003, S. 78.
[18] Vgl. Petersen 2001, S. 596.
[19] Vgl. Strittmatter 1993, S. 12.
[20] Vgl. Beer 1992, S. 19.
[21] Vgl. Schwarzer 2000, S. 140.

nicht gleichgesetzt mit Prüfungsangst, nun also wohl aus sozialer Angst und Leistungsangst zusammensetzt, müssen diese beiden Angstarten zunächst näher betrachtet werden.

2.3. Soziale Angst und Leistungsangst als Komponenten der Schulangst

2.3.1. Vorüberlegungen

Zur Differenzierung von Leistungsangst und Sozialangst wird der Klassifizierung der Angstarten durch Schwarzer gefolgt. Seine Typologie richtet sich nach der jeweiligen Thematik der Angst und nach dem Grad der Situationsspezifität, da die meisten Menschen lediglich in bestimmten Situationen Angst haben.[22] Für das Verständnis der Typologie ist Schwarzers Theorie der Selbstaufmerksamkeit, mit welcher er zwischen privater und öffentlicher Selbstaufmerksamkeit unterscheidet, wichtig. Mit Selbstaufmerksamkeit ist die Konzentration der Kognitionen auf die eigene Person gemeint. Die Gedanken, Gefühle, Einstellungen, Körperempfindungen sowie der Selbstwert und alle Kognitionsinhalte, die nur das Individuum selbst direkt empfinden kann, machen die private Selbstaufmerksamkeit aus. Im Gegensatz dazu ist öffentliche Selbstaufmerksamkeit die eigene Wahrnehmung des Individuums als soziales Objekt und so entsteht öffentliche Selbstaufmerksamkeit, wenn man über seine Wirkung auf seine soziale Umwelt nachdenkt. Darüber hinaus kann auch bei der Selbstaufmerksamkeit zwischen der Eigenschaft und dem situativ ausgelösten Zustand unterschieden werden.[23]

Schwarzer unterteilt nun vorerst in die drei übergeordneten Angstbereiche Existenzangst, soziale Angst und Leistungsangst. Der erste Bereich, die Existenzangst, meint die Bedrohung der körperlichen Unversehrtheit und damit Ängste vor dem Tod oder vor Verletzung. Solche Ängste sind zwar im schulischen Umfeld denkbar und vielleicht auch in gewissen vulnerablen Phasen nicht selten, doch soll es in dieser Arbeit vor allem um die beiden anderen Angstbereiche gehen.[24] Für diese beiden Angstbereiche, also sowohl für Sozialangst als auch für Leistungsangst, ist die Selbstwertbedrohung charakteristisch, weshalb in manchen Typologien in einem ersten Schritt zwischen körperlicher Bedrohung und Selbstwertbedrohung unterschieden wird, um dann ersterer Kategorie die Existenzangst unterzuordnen und der zweiten Kategorie dann die Sozialangst und die Leistungsangst.[25]

---

[22] Vgl. Schwarzer 2000, S. 104.
[23] Zur Theorie der Selbstaufmerksamkeit siehe Schwarzer 2000, S. 68-87 und vgl. Sörensen 2002, S. 64.
[24] Zwar gibt es leider Schulen, in denen die Schüler Angst um ihre körperliche Unversehrtheit haben müssen, weshalb auch Existenzängste relevant sind, doch soll es in dieser Arbeit vor allem um Ängste gehen, die direkt oder indirekt durch Unterricht ausgelöst werden und so auch durch den Lehrer abgestellt werden können. Bei Gewalt an Schulen sind viele weitere Faktoren beteiligt, weshalb dies hier ausgeklammert werden muss.
[25] Vgl. Stöber/Schwarzer 2000, S. 192.

Die Selbstwertbedrohung bei der sozialen Angst hängt mit der öffentlichen Selbstaufmerksamkeit zusammen, denn erst wenn sich das Individuum als soziales Objekt empfindet und sich den Bewertungen seiner Umgebung ausgesetzt sieht, entsteht diese Angst. Die damit verbundene Disposition soziale Ängstlichkeit wird von Schwarzer als erworbenes Persönlichkeitsmerkmal beschrieben, welches in Scham, Verlegenheit, Schüchternheit und Publikumsangst unterteilbar ist.[26] Obwohl beide Angstarten viele Gemeinsamkeiten haben und in vielen Situationen, zum Beispiel bei einer schulischen Leistungsüberprüfung, durchaus zusammen wirken, ist die Leistungsangst von der sozialen Angst abzugrenzen. So ist Leistungsangst die Angst vor Misserfolg bei Leistungsanforderungen, wobei nicht die antizipierten Bewertungen anderer die Hauptrolle spielen, sondern die eigene körperliche Erregung (Aufgeregtheit) und die Zweifel an den eigenen Fähigkeiten (Besorgnis), auf welche sich jeweils leistungsmindernd die private Selbstaufmerksamkeit richtet.[27]

Trotz einiger Kritik an dieser Typologie, so etwa von Sörensen[28] oder Schnabel[29], ist diese doch recht wirkungsmächtig und hilft bei der Differenzierung der Begrifflichkeiten, die sonst oft sehr eineinheitlich gebraucht werden.[30] Wichtig zu beachten ist jedoch, dass es sich bei Schwarzers Klassifikation um eine allgemeine Ordnung handelt und nicht um eine speziell auf die Ängste von Kindern und Jugendlichen abgestimmte Typologie.[31] Tücke wendet sie auf die Schule an, indem er mögliche Ängste von Schülern aufzeigt und sie in die Kategorien Leistungsangst und soziale Angst einordnet:[32]

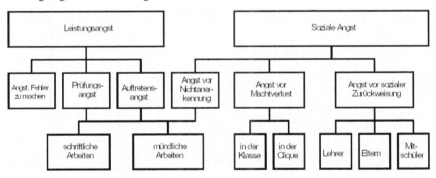

---

[26] Vgl. Schwarzer 2000, S. 118-119.

[27] Vgl. Schwarzer 2000, S. 107.

[28] Sörensen betont, dass Schwarzers Ordnung noch eher interpretativ konzipiert ist und dass teilweise eine empirische Untermauerung fehlt. Trotz dieser Kritik bewertet sie seine Leistung, die in einer umfassenden Gesamttheorie zu sehen ist, als überaus positiv. Vgl. dazu Sörensen 2002, S. 82.

[29] Schnabel, der nur grob in Existenzängste und soziale Ängste unterteilt, steht solchen Taxonomien auf Grund ihrer Vielzahl und ihrer teilweisen Uneindeutigkeit eher kritisch gegenüber. Vgl. Schnabel 1998, S. 14-16.

[30] Zur Unterscheidung der Angstarten siehe Schwarzer 2000, S. 98-140 und Sörensen 2002, S. 63-83.

[31] Vgl. Sörensen 2002, S. 81.

[32] Abbildung aus Tücke 1999, S. 202.

Schulangst so verstanden würde die beiden Komponenten Leistungsangst und Sozialangst beinhalten, die sich wiederum in weitere spezifische Ängste unterteilen lassen, deren Gewichtung jedoch nur schwer vorzunehmen ist, da das Angstempfinden subjektiv und somit die Bewertung durch den jeweiligen Schüler maßgeblich ist. Vorstellbar ist also, dass für einen Schüler das erwartete Versagen in einer Prüfung eine enorme Bedeutung hat, während für einen anderen Schüler die befürchtete Zurückweisung durch seine Peer-Group einen viel größeren Stellenwert hat.[33] Auf beide Bereiche der so verstandenen Schulangst wird nachfolgend eingegangen.

2.3.2. Leistungsangst

Unter Leistungsangst wird die Besorgtheit und Aufgeregtheit bezüglich von Leistungsanforderungen, welche als selbstwertbedrohlich eingeschätzt werden, verstanden.[34] Die Bedrohung entsteht durch die Antizipation von Versagen bezüglich der geforderten Leistung. Wie schon verdeutlicht, hat jeder Mensch eine mehr oder weniger stark ausgeprägte Angstneigung und so werden bezüglich der Leistungsangst Hochleistungsängstliche von Niedrigleistungsängstlichen unterschieden, um die Ausprägung dieser Neigung zu verdeutlichen. Wesentliche Unterscheidungskriterien sind Aufmerksamkeitssteuerung und Attributionsstil.

Ersteres geht auf die ‚Aufmerksamkeitshypothese' zurück, wonach Hochängstliche dazu neigen, ihre Aufmerksamkeit in eine aufgabenrelevante und eine selbstrelevante Richtung zu teilen, wodurch der Fokus nicht mehr nur auf der Leistungsanforderung liegt. Charakteristisch sind die Wahrnehmung und besondere Beachtung der eigenen körperlichen Erregung im Sinne der Erlebenskomponente Aufgeregtheit und typischer Störgedanken im Sinne der Besorgtheit. Auch Umweltreize werden von Hochängstlichen in einer Prüfungssituation verstärkt wahrgenommen und wirken auf sie eher ablenkend als auf Niedrigängstliche. Schwarzer bezieht sich auf Studien von Dusek und Wine, wenn er feststellt, dass vor allem diese aufgabenirrelevanten Kognitionen für die Minderleistung Hochleistungsängstlicher verantwortlich ist, denn während diese damit in Anspruch genommen sind, zeigen Niedrigleistungsängstliche eher ein problemorientiertes Verhalten und so im Resultat bessere Ergebnisse.[35] Untermauert wird diese Überlegung zum Beispiel durch einen Versuch durch Dusek, der einem Teil seiner kindlichen Prüflinge sagte, der Test sei lediglich ein Spiel und keine Prüfung. Im Gegensatz zur Gegenprobe, wo die Kinder von einer Prüfungssituation aus-

---

[33] Vgl. Tücke 1999, S. 202.
[34] Zur Definition siehe Schwarzer 2000, S. 105.
[35] Zur Aufmerksamkeitssteuerung vgl. Schwarzer 2000, S. 105-108 und Sörensen 2002, S. 71-72.

gingen, zeigten die Teilnehmer des vermeintlichen Spiels keine Leistungsunterschiede.[36] Die ‚Aufmerksamkeitshypothese' ist nach Schnabel als Erklärung von schlechterer Leistung durch Angst in der kognitiven Prüfungsangstforschung allgemein anerkannt.[37]

Neben der Aufmerksamkeitssteuerung unterscheiden sich Hochleistungsängstliche von Niedrigleistungsängstlichen wie bereits angedeutet in ihrem Attributionsstil. So wird angenommen, dass Hochleistungsängstliche selbstzweifelverstärkend attribuieren, wohingegen Niedrigleistungsängstliche, wenn sie überhaupt eine Ursachenzuschreibung vornehmen, selbstwerterhaltend attribuieren. Nach Weiner kann man die Lokationsdimension, was die Ursachenzuschreibung auf internale oder externale Faktoren meint, und die Stabilitätsdimension, also ob die Faktoren stabil oder variabel sind, bestimmen.[38]

Eine selbstwerterhaltende Attribution zeichnet sich nun dadurch aus, dass gute Leistungen auf die eigenen guten Fähigkeiten zurückgeführt werden (internal-stabil) und schlechte Leistungen zum Beispiel auf ungenügende Bemühungen (internal-variabel). Erfolg bestätigt so attribuierende Schüler also und Misserfolg wirft sie nicht gleich aus der Bahn, sondern spornt sie sogar zu verstärkten Anstrengungen an, weil sie dieses Versagen auf bestimmte durch sie veränderbare Faktoren zurückführen und nicht ein Persönlichkeitsmerkmal als Grund vermuten. Zusätzlich könnte man auch zwischen globaler und spezifischer Ursachenzuschreibung differenzieren, wobei Niedrigängstliche vermutlich spezifisch attribuieren würden, indem sie einen speziellen Faktor verantwortlich machen würden.

Leistungsängstliche dagegen attribuieren wohl auf eine selbstzweifelverstärkende Weise und somit entgegengesetzt. Ein gutes Ergebnis in einer Prüfung würde demzufolge eher auf eine äußere, nicht kontrollierbare, situationsspezifische Ursache wie beispielsweise Glück (external-variabel) zurückgeführt werden und nicht auf eigene Fähigkeiten. Ein Versagen in einer Prüfung dagegen wird auf die eigenen unveränderbaren Persönlichkeitsmerkmale bezogen (internal-stabil). Zudem würde dieses Versagen nicht spezifisch, sondern global attribuiert, betrifft so also die ganze Person und nicht nur einen Teilbereich.[39] Dass Prüfungsängstliche weniger stark von ihren eigenen Kompetenzen überzeugt sind, haben auch Tarnai und Kollegen nachgewiesen.[40]

Die Verknüpfung des Attributionsstils mit der Prüfungsängstlichkeit erscheint plausibel, wird allerdings auch kritisiert, so zum Beispiel von Schnabel, der die Erhebungsmethoden und Ergebnisse von Studien mit solchem Ergebnis hinterfragt und die empirische

---

[36] Vgl. Schwarzer 2000, S. 106.
[37] Vgl .Schnabel 1998, S. 40-41.
[38] Zur Attribution allgemein siehe auch Möller 2001, S. 36-41.
[39] Zu den unterschiedlichen Attributionsstilen vgl. Schwarzer 2000, S. 108-110 und Sörensen 2002, S. 73-75.
[40] Siehe dazu Tarnai/Paschon/Riffert/Eckstein 2000.

Untermauerung eines negativen Attributionsstils von Hochängstlichen vermisst. Zudem betont er, dass auch überdurchschnittlich Leistungsängstliche nachweislich eher selbstwerterhaltend attribuieren und nur ein relativer Unterschied zwischen Hochängstlichen und Niedrigängstlichen auszumachen sei, was meint, dass erstere etwas stärker internal attribuieren.[41] Man kann also nicht sagen, dass Hochleistungsängstliche immer selbstwertzerstörend attribuieren, sondern man sollte vielleicht eher festhalten, dass sie gemäß einem eher negativen Selbstkonzept stärker zu einem eher negativen Attributionsstil neigen als Niedrigängstliche.

Aber auch in relativierter Form hat der unterschiedliche Attributionsstil weitreichende Konsequenzen für das weitere Handeln. So sind Leistungsrückmeldungen für Niedrigängstliche Bestätigung oder aber Ansporn, während sie für Hochängstliche mit einer sozialen Bewertung verbunden sind, indem sie bei einer Misserfolgsrückmeldung annehmen, man halte sie für unfähig und bei Erfolg, dass man die Inkompetenz nur noch nicht erkannt habe. Dadurch neigen Hochängstliche dazu, in Bewertungssituationen übermäßig besorgt zu sein, sich in ihrem negativen Selbstbild durch eine Misserfolgsrückmeldung bestätigt zu sehen und sich dadurch öffentlich abgewertet zu fühlen. Bei wiederholtem Misserfolg kann dieses zum Gefühl der Hilflosigkeit und so zur Aufgabe führen. Erlernte Hilflosigkeit kann die Folge sein.[42] Haben Hochängstliche Erfolg, bereiten sie sich in der Regel auf die nächste Prüfung noch besser vor, um auch hier eine drohende Abwertung zu vermeiden, sie unterscheiden sich allerdings nicht so sehr von weniger gut vorbereiteten Niedrigängstliche, da ja Angst ihre Leistungsfähigkeit hemmt. In unangekündigten und so unvorbereiteten Tests erzielen Hochängstliche jedoch schlechtere Leistungen, da diese noch bedrohlicher wirken als angekündigte Tests, wodurch sie sich noch mehr Sorgen machen und die Chance hilflos zu reagieren erhöht ist.[43] Festzuhalten bleibt, dass bei Leistungsängstlichen nicht das Lernen eingeschränkt ist, sondern lediglich die Fähigkeit, das Erlernte in einer Prüfungssituation adäquat wiederzugeben. Dies zeigte auch die BIJU-Studie, wonach bei hochängstlichen und niedrigängstlichen Schülern über einen längeren Zeitraum fast parallele Lernverläufe zu verzeichnen waren.[44]

Leistungsangst hemmt also die Leistungsfähigkeit von Schülern in einer Prüfungssituation, doch wie Schwarzer betont, ist sie in den allermeisten Fällen nicht behandlungsbedürftig. Die extreme Form der Leistungsangst, die dann auch klinisch relevant ist, ist sehr selten und wird dann mit Psychotherapieverfahren wie zum Beispiel kognitiver Verhaltens-

---

[41] Vgl. Schnabel 1998, S. 59-64.
[42] Zum Zusammenhang zwischen Attributionsstil und den Dimensionen der Hilflosigkeit siehe weiterführend Schwarzer 2000, S. 147-152.
[43] Zu den angenommenen Attributionsstilen vgl. Schwarzer 2000, S. 108-110 und Sörensen 2002, S. 72-74.
[44] Zum Setting der BIJU-Studie siehe Schnabel 1998, S. 95ff. Zu den Ergebnissen vgl. Schnabel 2000, S. 1-2.

therapie oder aber Entspannungstrainings behandelt.[45] Eine solche psychologisch-medizinische Intervention ist jedoch meist nicht erforderlich, da oft nicht genügend ausgeprägte Kompetenzen im Umgang mit Leistungsanforderungen ursächlich sind, die allerdings erlernt werden können.[46] Neben objektiv fehlenden Kompetenzen im Umgang mit Leistungsanforderungen, die mit dem Schlagwort Methodenkompetenz umrissen werden können und so etwas wie planvolles, effektives Arbeiten und richtige Zeiteinteilung etc. in einer Prüfungssituation meinen, mangelt es vor allem auch an der richtigen Einschätzung des eigenen Könnens und somit an Selbstkompetenz. Die eigenen Fähigkeiten werden nämlich im Rahmen einer negativen Selbstbewertung als gering eingeschätzt. Folgende Darstellung soll dies verdeutlichen:[47]

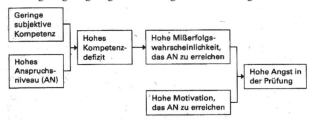

Nach Jacobs' Entstehungstheorie von Angst bezüglich Prüfungssituationen sind es vor allem die subjektive Einschätzung des eigenen Könnens in Verbindung mit einem hohen Anspruchsniveau und eine sehr hohe Motivation diesem Anspruch gerecht zu werden, die Prüfungsangst auslösen. Je höher das Anspruchsniveau ist und je niedriger man dabei seine eigenen Fähigkeiten einschätzt, desto höher ist auch die Wahrscheinlichkeit, dem Anspruch nicht gerecht zu werden. Wenn dem Anspruch, also etwa dem Abschneiden in einer Prüfung mit einer gewissen Note, auch noch eine sehr große Bedeutung zugeschrieben wird, entsteht Angst vor dieser Prüfung.[48]

Das Zusammenspiel der bisher besprochen angsterzeugenden Kognitionen und unterentwickelter Methodenkompetenz mit einem weiteren wichtigen und noch nicht benannten Faktor, dem Einfluss der Eltern, machen unter anderem Suhr/Döpfner deutlich. So tragen sie nicht selten durch Leistungsanforderungen, die nicht dem Entwicklungsstand oder dem Intellekt entsprechen zum Aufbau oder zur Verstärkung der Prüfungsangst bei.[49] Die Funktion der Eltern wird mit Abstrichen natürlich auch vom Lehrer ausgeübt. Auch er kann zu hohe Anforderungen haben und Versagen bei einer Leistungsüberprüfung mit einer schlechten Note oder vielleicht noch anderen Formen der Abwertung, wie öffentliche

---

[45] Ein Beispiel für ein multimodales Therapieprogramm ist ‚THAZ'. Siehe dazu Döpfner/Suhr-Dachs 2005.
[46] Vgl. Schwarzer 2000, S. 117.
[47] Grafik aus Strittmatter 1993, S. 15.
[48] Vgl. Strittmatter 1993, S. 14-15.
[49] Zum allgemeinen Einfluss der Eltern auf die Angstentwicklung des Kindes siehe Krohne/Hock 1994.

Demütigung vor den Mitschülern bestrafen. Nachfolgendes Modell verdeutlicht das Zusammenspiel der verschiedenen Faktoren:[50]

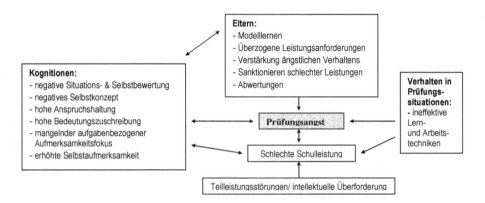

2.3.3. Sozialangst

Wie bei der Leistungsangst ist auch bei der sozialen Angst der Selbstwert bedroht, wobei hier die Bedrohungssituation einen sozialen Kontext hat, wohingegen ja die Bedrohung bei der Leistungsangst vordergründig von der Leistungsanforderung ausging. Bei der Sozialangst ist eben der soziale Raum maßgeblich an der Angstentstehung beteiligt, bzw., um genauer zu sein, die Wahrnehmung des Ichs als soziales Objekt in diesem und somit die bereits beschriebene öffentliche Selbstaufmerksamkeit, bei welcher der Fokus der Aufmerksamkeit auf die öffentlichen Aspekte des Selbst gelenkt ist. Folge dieser erhöhten Selbstwahrnehmung kann Erröten, Stottern oder ähnliches sein. Natürlich ist die Reaktion mit öffentlicher Selbstaufmerksamkeit und in der Folge mit sozialer Angst auch von situativen Faktoren wie beispielsweise die Gruppengröße, die Vertrautheit untereinander, das Verhalten der Mitmenschen oder aber der Bewertungscharakter einer Situation abhängig. Diese und ähnliche Faktoren können soziale Angst auslösen oder aber verstärkend wirken.[51]

Beispielhaft für ein Zusammentreffen von mehreren ungünstigen Faktoren wäre das Halten eines Vortrags vor einer unbekannten, desinteressierten Menschenmenge. Solch eine Situation ist für Studenten und Dozenten universitärer Alltag und obwohl sich die Schüler einer Klasse besser kennen und die Gruppengröße nicht ganz so groß ist, wie in einem Hörsaal, ist auch hier zum Beispiel bei einem Vortrag eine Ballung ungünstiger situativer

---

[50] Grafik angelehnt an Suhr/Döpfner 2000, S. 177.
[51] Vgl. Schwarzer 2000, S. 118-119.

Faktoren auszumachen. Wichtig bei diesen Überlegungen ist natürlich, dass die Angst nicht auf Grund der Leistungsanforderung besteht, sondern wegen der Erwartung in einer Prüfungssituation der Beobachtung und somit Bewertung anderer ausgesetzt zu sein.

Neben diesen äußeren Faktoren ist mit der Neigung zur öffentlichen Selbstaufmerksamkeit auch ein wichtiger intraindividueller Faktor für diese Erwartung von anderen beobachtet und bewertet zu werden verantwortlich. Bei starker Tendenz zu öffentlicher Selbstaufmerksamkeit besteht auch ein erhöhtes Risiko vor oder während einer interpersonellen Beziehung mit sozialer Angst zu reagieren. Das Persönlichkeitsmerkmal soziale Ängstlichkeit kann sogar durch häufiges reagieren mit sozialer Angst erworben werden, was dann auch mit einer starken Neigung zu öffentlicher Selbstaufmerksamkeit verbunden ist. Allerdings ist soziale Ängstlichkeit nicht zwangsläufig die Folge von erhöhter öffentlicher Selbstaufmerksamkeit. Nicht nur das Gefühl besonders von der Umgebung beobachtet zu werden kann soziale Angst auslösen, sondern auch die absichtliche oder unabsichtliche Nichtbeachtung durch die Umwelt kann als Selbstwertbedrohung interpretiert werden, da sich das Individuum in einer solchen Situation durch die mangelnde Wahrnehmung sozial zurückgewiesen fühlt.[52]

Soziale Ängstlichkeit kann nach Schwarzer mit Bezugnahme auf Buss noch weiter in Verlegenheit, Scham, Publikumsangst und Schüchternheit differenziert werden, was an dieser Stelle aber in seiner Ausführlichkeit zu weit gehen würde. Wichtig ist jedoch festzuhalten, dass die angstauslösenden Sozialbeziehungen Stress für die Betroffenen bedeuten, weil sie als Folge ihrer subjektiven Einschätzungsprozesse meinen, den Anforderungen wegen mangelnder sozialer Kompetenz nicht gewachsen zu sein.[53]

2.4. Schulangst

Wie ja an einigen Stellen bereits angesprochen wird Schulangst hier als ein Zusammenspiel von Leistungsangst und sozialer Angst verstanden. Dies macht in meinen Augen Sinn, da die Schule ein sozialer Raum ist und jede Art von Leistungsüberprüfung an deren Ende eine Bewertung steht, auch immer eine soziale Bewertung beinhaltet. Aber auch ohne die Verknüpfung zur Leistungsangst kann die Sozialangst in der Schule als Angst vor Machtverlust, Zurückweisung oder Nichtanerkennung auftreten.[54] Da Schulangst allerdings von einigen Autoren als Besorgtheit und Aufgeregtheit bezüglich selbstwertbedrohlicher schulischer Anforderungen, die in sozialem Kontext stattfinden, gesehen wird, wird sie durch den Fokus auf Anforderungen oft der Leistungsangst untergeordnet, wie anscheinend auch

---

[52] Vgl. Schwarzer 2000, S. 118-119.
[53] Für eine weitere Differenzierung der Arten sozialer Ängstlichkeit siehe Schwarzer 2000, S. 119-137.
[54] Vgl. Tupaika 2002, S. 65.

15

von Schwarzer.[55] Doch eben auch er sieht einen engen Zusammenhang zwischen sozialer Angst und Leistungsangst im schulischen Kontext. Und so Wirken beide Angstarten zusammen. Was auch bestätigt wird, wenn Schwarzer betont, dass Leistungsangst in der Schule zu großen Teilen auf sozialer Ängstlichkeit beruht. Das Persönlichkeitsmerkmal soziale Ängstlichkeit wird in der Regel im ersten Drittel des Lebens erworben, welches ja zu großen Teilen durch die Schulzeit geprägt ist.[56] Auch Krohne macht mit Bezug auf eine Untersuchung von Phillips deutlich, dass schulische Misserfolge die Entwicklung negativer Konsequenzerwartungen in Form von Abwertungen durch Mitschüler, Lehrer und Eltern befördern und so eng mit niedriger Selbst- und Sozialkompetenz in Verbindung stehen. Ängstlichkeit kann so entstehen bzw. sich stabilisieren. Krohne betont, dass neben biologischen Faktoren die gemachten Erfahrungen von entscheidender Bedeutung in der Angstentwicklung sind. Hier sind neben demographischen Variablen auch Sozialisations-faktoren wie die Eltern-Kind-Beziehung, die Erziehungsstile und eben die Schulerfahrungen von großer Wichtigkeit.[57]

Schulangst kann nicht nur anhand der Komponenten Leistungsangst und soziale Angst unterteilt werden, sondern auch ihrem Auftreten gemäß. So kann situationsbezogene Schul-angst, was die Angst vor Situationen wie dem Sportunterricht, einem Vortrag usw. meint, von personenbezogener Schulangst, also vor bestimmten Lehrern, Gruppenkonstellationen usw. unterschieden werden. Beide Formen könnten nochmals von genereller Angst vor der allgemein bedrohlich empfundenen Schulumwelt abgegrenzt werden.[58]

[55] Vgl. Sörensen 2002, S. 75, die Schwarzer zitiert.
[56] Vgl. Schwarzer 2000, S. 140.
[57] Vgl. Krohne 1996, S. 313-315.
[58] Vgl. Tupaika 2002, S. 65.

3. Maßnahmen gegen Schulangst

3.1. Diagnostik von Schulangst

Um auf Ängste im Allgemeinen und Ängste in schulischem Kontext im Besonderen eingehen zu können, müssen sie natürlich vorerst als solche erkannt werden. In der Forschung wird Angst und die Ausprägung der Ängstlichkeit häufig über Fragebögen ermittelt, was vor allem forschungsökonomische Gründe hat. Sie sind effizient, weil ja Angst als sehr subjektive Empfindung recht zutreffend sprachlich durch das betroffene Subjekt geschildert werden kann. Methoden, welche beispielsweise die Körperreaktion messen, berücksichtigen nur jenen physiologischen Aspekt, können die emotionale und kognitive Komponente aber nicht erfassen, obwohl sich ja die drei Dimensionen wechselseitig beeinflussen.[59] Prinzipiell ist aber natürlich eine Diagnostik des Angstzustands und der Ängstlichkeit über alle Definitionsebenen möglich.[60] Ein Beispiel für einen Test von Prüfungsangst mittels Fragebogen ist der Angstfragebogen für Schüler von Wieczerkowski und Mitarbeitern, der über die vier Skalen Prüfungsangst, manifeste Angst, Schulunlust und soziale Erwünschtheit verfügt, so also ein relativ breites Spektrum abdeckt.[61] Wie Rost/Schermer jedoch feststellen, helfen solche Diagnoseinstrumente zwar bei der Feststellung aber wenig für den Bereich der psychologisch-pädagogischen Beratung und Intervention, weshalb von Schulpsychologen und Therapeuten oft auf ein klinisches Interview zurückgegriffen wird, welches sich allerdings auch nur als Suchschema für relevante Informationen eigne und in seiner Effektivität stark abhängig von der Kompetenz des Durchführenden sei.[62] Dies gilt natürlich auch für Verhaltensbeobachtungen, welche von Essau neben klinischen Interviews und Fragebögen genannt wird.[63]

All diese Verfahren sind für Schulpsychologen und Therapeuten denkbar, doch für Lehrer ist deren Einsatz nicht oder nur sehr eingeschränkt mit Hilfe von entsprechenden Fachleuten möglich, da es zum einen eben an der nötigen fachlichen Ausbildung mangelt, um solche Methoden einzusetzen, und zum anderen, weil es diese Methoden meist zum Ziel haben, eine klinisch relevante Angststörung festzustellen oder aber auszuschließen. Für die nicht behandlungsbedürftigen Ängste im schulischen Kontext, müssen also andere, vielleicht weniger wissenschaftliche Methoden angewandt werden.

Bezüglich Prüfungsangst schlägt Beer die Identifizierung von sogenannten Trainingsweltmeistern vor und meint damit Schüler, die sich in Lernsituationen durch gute Mitarbeit,

---

[59] Vgl. Schwarzer 2000, S. 90-92.
[60] Eine umfassende Darstellung zu möglichen Messmethoden findet sich bei Krohne 1996, S. 19-75.
[61] Siehe Wieczerkowski/Nickel/Janowski/Fittkau/Rauer 1981.
[62] Vgl. Rost/Schermer 2001, S. 409.
[63] Zur ausführlichen Darstellung der klinischen Erhebungsverfahren und deren Anwendung siehe auch Essau 2003, S. 85-115.

hohe Problemlösefähigkeit, Fleiß und Kreativität auszeichnen, aber bei Leistungsüberprüfungen deutlich unter der von ihnen zu erwartenden Leistungen bleiben. Um nun solche prüfungsängstlichen Schüler von Schülern ohne Leistungsabfall durch Angst vor der Prüfung zu unterscheiden, führt Beer einen einfachen Test zweimal durch. Bei dem Test handelt es sich um den alphabetischen Durchstreichtest von Grünberger, bei dem die ein aus 20 Zeilen mit jeweils 40 Buchstaben bestehenden Testbogen bearbeiten, indem sie vier vorher festgelegte Buchstaben durchstreichen. Pro Buchstabenzeile haben sie dazu 20 Sekunden Zeit. Das erste Mal wird der Test in entspannter Atmosphäre mit Lob und Bestätigung durchgeführt. Dann, etwa eine Woche später, erfolgt erneut eine Testung mit anderen Buchstaben zu gleichen Bedingungen, jedoch unter Leistungsdruck durch Ermahnungen schneller zu arbeiten und einer Wettbewerbsatmosphäre. Mit den auf diese Weise festgestellten Trainingsweltmeistern wurde gezielt an der Linderung ihrer Prüfungsangst gearbeitet.[64]

Neben dem Einsatz solcher einfacher aber wohl wirkungsvoller Tests ist natürlich besonders die alltägliche Beobachtung durch den Lehrer gefragt. So sollte diesem auffallen, wenn ein Leistungsunterschied zwischen Prüfungs- und Lernsituationen besteht. In einem solchen Fall sollte dann nicht voreilig auf zu geringes Lernen durch den Schüler geschlossen werden, sondern eben auch Prüfungsangst in Betracht gezogen werden. Zudem sind ja einige mit erhöhter Angst einhergehende Körperreaktionen durchaus beobachtbar. Im Zweifel könnte ja auch ein Gespräch zwischen Schüler und Lehrkraft zu den Gedanken und Gefühlen in einer Prüfungssituation für Klarheit sorgen. Dies gilt natürlich auch für soziale Angst, wobei hier die Diagnostik durch den Lehrer noch schwerer fällt. Ist bei Leistungsangst eben ein Leistungsabfall beispielsweise in schriftlichen Überprüfungen zu erkennen, äußern sich soziale Ängste eher nebenbei in zum Beispiel Pausensituationen und sind nicht so deutlich. Auch Tücke macht darauf aufmerksam, dass soziale Ängste von Lehrern oft nicht wahrgenommen werden, weil zum Teil die schriftlichen Leistungen nicht beeinflusst werden und so manch ein unbekümmerter Lehrer keinen Anlass zur Sorge sieht.[65] Stottern und Rotwerden oder ähnliche Auffälligkeiten sind natürlich normal bei einem Schüler in der Pubertät, der vielleicht zum ersten Mal in seinem Leben einen Vortrag hält. Die besondere Aufmerksamkeit des Lehrers und sein Fingerspitzengefühl sind allerdings gefordert, wenn solches Verhalten und solche Reaktionen sich verstärken, immer öfter vorkommen und die Leistung beeinträchtigen. Hier muss dann nach den möglichen Ursachen gesucht werden, etwa ob es sich um eine personenbezogene oder situationsabhängige Angst handelt. So kann eine Lehrerpersönlichkeit, ein Fach oder eine Gruppenkonstellation verantwortlich sein.

---

[64] Vgl. Beer 1992, S. 20-30.
[65] Vgl. Tücke 1999, S. 203-205.

3.2. Intervention und Prävention

Klar sollte im Vorfeld sein, dass Angststörungen nicht vom Lehrer behandelt werden können und es nicht Anliegen dieser Arbeit ist, an dieser Stelle die Therapie von pathologischen Ängsten in großem Ausmaß zu schildern. Aus den Maßnahmen einer professionellen Therapie mit Hochängstlichen lassen sich aber auch Konsequenzen für den Umgang mit Schülern, die unter Schulangst leiden, ableiten. Ein solches Therapiekonzept, welches speziell für Leistungsangst entwickelt wurde, ist jenes von Suhr/Döpfner, welches auf der kognitiven, emotionalen/physiologischen und behavioralen Ebene ansetzt und dabei neben dem betroffenen Kind auch deren Eltern mit ein bezieht. Da von den Autoren auch die subjektive Bewertung einer Situation als bedrohlich ursächlich für Angst gesehen wird, liegt hier auch der Schwerpunkt der Intervention, wenn versucht wird, über eine kognitive Restrukturierung den Bedrohungscharakter der Prüfung aus Sicht des Prüflings zu reduzieren. Von der kognitiven Modifikation sind dann das negative Selbstbild, die Misserfolgserwartungen, der überhöhte Anspruch und die erhöhte Selbstaufmerksamkeit betroffen. Ziel ist die Förderung aufgabenbezogener Aufmerksamkeit und die Reduktion aufgabenirrelevanter Störgedanken. Mit diesen kognitiven Interventionen sollte auch immer eine Vermittlung effektiver Lern- und Arbeitstechniken verbunden sein, da diese neben der objektiven Leistungsfähigkeit auch die Selbstwirksamkeitsüberzeugung stärkt. Um die physiologischen Symptome von Prüfungs-angst, welche ja aufgabenirrelevante Kognitionen verstärken können, zu reduzieren, sollten Entspannungsübungen eingeübt werden. Da die Eltern ja zum Beispiel durch überzogene Leistungsanforderungen oder inadäquatem Umgang mit schlechten Leistungen großen Einfluss auf die Prüfungsangstentwicklung haben, finden auch elternzentrierte Interventionen statt, bei denen solche negativen kognitiven Strukturen abgebaut werden.[66]

Das Programm von Beer und seinen Kollegen wurde ja nicht für den Einsatz bei pathologisch Prüfungsängstlichen entwickelt, sondern für normale Schüler mit Prüfungsangst und stellt somit eine Art Zwischenschritt dar. Er identifiziert als erstes sogenannte Trainings-weltmeister, um mit diesen dann in einem einstündigen Training pro Woche die Prüfungsangst abzubauen. Sein Schwerpunkt liegt auf dabei Entspannungstechniken, die dem Schüler zu einer Senkung des Aktivierungsniveaus verhelfen sollen. Beer empfiehlt die progressive Relaxation nach Jacobson und hält auch autogenes Training für gut möglich, wobei letzteres nicht ohne medizinische Betreuung stattfinden sollte. Daneben hält er eine Entschärfung der Prüfungssituationen durch mehr Transparenz auf Seiten des Lehrers

---

[66] Zu diesem multimodalen Therapiekonzept siehe Suhr/Döpfner 2000, S. 178-183. Für ein ähnliches, aber umfangreicheres Konzept derselben Autoren siehe Döpfner/Suhr-Dachs 2005.

bezüglich Anforderungen und Bewertungen sowie durch das Erlernen effektiver Lern- und Arbeitstechniken auf Seiten der Schüler für essentiell. Auch sollten Leistungsrückstände durch gezielte Nachhilfe aufgeholt werden. Durch Erfolgserlebnisse soll das Selbstvertrauen gestärkt werden und insgesamt das Selbstbild positiver werden. Dies soll zusammen mit dem Einsatz konzentrationsfördernder Lernspiele und dem Vermitteln von Lerntricks auch die Motivation erhöhen. Auch Beer sieht eine Mitarbeit der Eltern als sehr wichtig an. Er führte das Programm an mehreren österreichischem Schulen zusammen mit den jeweiligen Lehrern durch und konnte durchaus Erfolge in der Prüfungsangstreduktion verzeichnen.[67]

Ein weiteres Programm ist jenes von Strittmatter, welches kognitiv orientiert ist und aus vier Bausteinen besteht, die direkt auf den Einsatz in der Schule zugeschnitten sind. Ziel ist Schulangstreduktion im Allgemeinen, wobei auch hier der Fokus auf Angst in Leistungserbringungssituationen liegt, doch zumindest wird auch auf die soziale Komponente dieser eingegangen, wodurch dieser Ansatz ein sehr umfassender ist. In dem ersten von vier Bausteinen geht es um die Lehrer-Schüler-Interaktion. Das Verhältnis dieser beiden Gruppen soll verbessert werden und es soll allgemein ein positives Klassenklima geschaffen werden, was die Schüler-Schüler-Interaktion miteinbezieht. Der zweite Baustein ist ein Vorschlag für eine Unterrichtseinheit zum Thema Angst und Angstabbau, in welcher Strategien zum Umgang mit Ängsten erlernt werden sollen. Auf das bereits vorgestellte Modell Jacobs zur Prüfungsangstentstehung eingehend soll im dritten Baustein durch die Erhöhung der subjektiven Kompetenz, die Senkung des Anspruchsniveaus und die Reduktion der Motivationsstärke die Prüfungsangst abgebaut werden. Wichtig dafür sind optimierte Bedingungen für die Leistungsüberprüfung. So sollte diese zu jedem Zeitpunkt transparent sein und eine Bewertung sollte sowohl mit Hilfe der sachlichen, als auch auf individueller Bezugsnorm geschehen, um Erfolgserlebnisse zu ermöglichen. Der abschließende vierte Baustein bemüht sich um eine Verbesserung der Lern- und Arbeitstechniken, da die subjektive Kompetenz durch eine Steigerung der objektiven Kompetenz erhöht wird, wodurch Angst in Prüfungssituationen reduziert wird.[68]

Alle bis jetzt vorgestellten Programme hatten mehr oder weniger ihren Fokus auf der Leistungsangst. Soziale Angst wird in der Literatur bezüglich Schule eher stiefmütterlich behandelt und in Zusammenhang mit Leistungsangst oft nur als Begleiterscheinung bei schulischen Leistungsüberprüfungen gesehen. Erst behandlungsbedürftige soziale Angst im Kindes- und Jugendalter, etwa im Sinne von ICD-10 F 93.2,[69] erlangt wohl wieder mehr fach-

---

[67] Zum Programm von Beer und Kollegen siehe Beer 1992, S. 48.
[68] Zu Strittmatters vier Bausteine zur Schulangstreduktion siehe Strittmatter 1993, S. 27-116.
[69] Siehe Dilling/Mombour/Schmidt/Schulte-Markwort 1994, S. 196-197.

liche Aufmerksamkeit. So ist nachfolgende Methode zur Behandlung sozialer Ängstlichkeit auch für den Einsatz durch Therapeuten gedacht. Nichtsdestotrotz lassen sich auch hier Informationen für den Umgang mit nicht behandlungsbedürftiger sozialer Angst im schulischen Kontext sammeln. Specht und Petermann schlagen den Einsatz des Rollenspiels vor, um soziale Ängstlichkeit bei Kindern zu therapieren. Diese Methode eigne sich besonders, um erwünschtes Sozialverhalten einzuüben und um in einem geschützten Raum soziale Fähigkeiten zu erlernen. Die Technik der Rolleneinnahme ermöglicht es dem Kind dabei neue soziale Fähigkeiten zu erlernen und gleichzeitig die Diskrepanz zu dem eigenen real gezeigten Verhalten festzustellen. In der Rollenübernahme kann durch den gezielten Rollentausch das eigene Verhalten reflektiert werden, da es aus der Rolle des Gegenüber beobachtet wird. Der Schwerpunkt in der Behandlung liegt auf der Erhöhung der sozialen Kompetenz und nicht in der Konfrontation mit angstauslösenden Situationen. Wichtiges zugrundeliegendes Prinzip ist das Modelllernen von Trainern und anderen möglichst gleichaltrigen Kindern. Trainer und Kinder stellen sowohl erwünschtes als auch unerwünschtes Verhalten dar, wodurch sozial kompetentes Verhalten von unsicherem Verhalten unterschieden werden kann, weil sich alle Beteiligten in allen aktiven und beobachtenden Rollen erleben. Durch die Einbeziehung der Trainer ist auch eine modellhafte Hilfestellung im Sinne von Coaching möglich. Über mit jedem Kind individuell erarbeitete Selbstinstruktionen kann sich das ängstliche Kind im Rahmen des Rollenspiels selbstsicher verhalten und so erneut den Unterschied zwischen beiden Verhaltensweisen sowie auch die ausbleibenden negativen Konsequenzen des Handelns verspüren. Mit in-vivo-Verhaltensübungen im Rollenspiel wird dann die Umsetzung des im Rollenspiel erlernten Verhaltens im Alltag vorbereitet. Durch immer komplexer werdende Situationen im Rollenspiel wird ein komplexes Repertoire sozialer Fertigkeiten aufgebaut und das problembewältigende Verhalten gestärkt, wodurch schließlich eine schrittweise Verhaltensformung gelingt.[70]

3.3. Konsequenzen für die Lehrtätigkeit

Die beispielhaft vorgestellten Programme zur Reduktion von Angst wurden alle durch Psychologen durchgeführt oder aber zumindest von diesen betreut. So bleibt am Ende die Frage, welche konkreten Maßnahmen denn ein Lehrer ohne solche professionelle psychologische Unterstützung ergreifen kann, um Angst im schulischen Kontext zu minimieren. Festzuhalten bleibt, dass Angststörungen behandlungsbedürftig sind und dementsprechend durch einen Arzt bzw. Psychologen betreut werden sollten. Bei Anzeichen einer solchen

---

[70] Vgl. Specht/Petermann 1999, S. 218-224.

21

Erkrankung im schulischen Umfeld sollte der Lehrer also mit Eltern und Schulpsychologen zur weiteren Abklärung Kontakt aufnehmen. Klar sollte aber auch sein, dass neben solchen pathologischen Störungen auch viele Ängste im schulischen Kontext auftreten, auf die der Lehrer eingehen kann und die der Lehrer zu großen Teilen vermeiden kann.

So kann der Prüfungsangst mit einer transparenten Prüfungsgestaltung entgegnet werden. Leistungsüberprüfungen werden kontrollierbarer und sind somit weniger angstinduzierend, wenn die Schüler sich auf Art, Umfang und Inhalt vorbereiten können und klar ist, wie viel Zeit ihnen bleibt. Der Erwartungshorizont des Lehrers sollte den Schülern also in etwa klar sein und auf unangekündigte Tests sollte verzichtet werden, da letztere zu hilflosen Reaktionen durch leistungsängstliche Schüler führen können. Auch sollte den Schülern die nötige Methodenkompetenz im Umgang mit Prüfungen vermittelt werden, was nicht nur Schülern mit Prüfungsangst hilft, sondern allen Schülern. Durch effektive Lern- und Arbeitstechniken sowie gutes Zeitmanagement steigt neben der objektiven auch die subjektive Kompetenz und die Angst sinkt. Auch Erfolgserlebnisse tragen maßgeblich dazu bei und helfen aus dem Kreislauf von Misserfolgserwartung und Angst, erlebtem Misserfolg, negativer Attribution und Angst vor erneutem Misserfolg auszubrechen. Ein Lehrer sollte aus diesen Überlegungen Konsequenzen für den Umgang mit Leistungsbewertungen jeglicher Art ziehen. Natürlich sollten Noten gemäß der sachlichen Bezugsnorm gegeben werden, jedoch würde es zur Verminderung von Angst beitragen, wenn zusätzlich auch die individuelle Bemühung und vielleicht auch Verbesserung gewürdigt werden würde, was ja nicht unbedingt durch eine bessere Note, sondern auch über ein angemessenes Lob realisiert werden kann. Neben der Berücksichtigung des individuellen Lernfortschritts ist auch die Art und Weise der Formulierung von Urteilen von großer Bedeutung. So sollte darauf geachtet werden, dass durch die Bewertung nicht noch ein negativer Attributionsstil verstärkt wird, weil der Lehrer die Leistung auf globale und stabile Defizite des Schülers zurückführt. Auch sollte im Zweifel Kontakt zu den Eltern aufgenommen werden, wenn deren überzogene Erwartungen eventuell eine Mitschuld an der Entwicklung von Prüfungsangst des Schülers tragen. Eine realistische Einschätzung der Leistungsfähigkeit sollte Eltern und Schülern helfen auch mit schlechteren Leistungen umzugehen. Eine Überforderung durch die Eltern oder auch durch den Schultyp kann auch ursächlich sein und muss daher ausgeschlossen werden.

Wie ja herausgestellt wurde steht schulische Prüfungsangst eng in Verbindung mit sozialer Angst, weil schulische Leistungen in einem sozialen Kontext erbracht werden und ein Schüler ständig der Bewertung durch Lehrer und Mitschüler ausgesetzt ist. Lehrer haben auch einen besonderen Einfluss auf soziale Ängste, da sie die Macht haben, einzelne Schüler vor

der Klasse bloß zu stellen, indem sie einen Schüler in den Mittelpunkt der Aufmerksamkeit der Klasse stellen. Eine solche soziale Hervorgehobenheit kann soziale Ängste auslösen und trotzdem ist sie schulischer Alltag bei Formen der Leistungsüberprüfung oder aber zur Sanktion unerwünschten Schülerverhaltens. Wie ja die einzelnen Programme zur Intervention und Prävention aufgezeigt haben ist der Aufbau von Kompetenz maßgeblich zur Vermeidung von Angst. So muss im Unterricht soziale Kompetenz aufgebaut werden, um sozialer Angst zu entgegnen. Ein Anspruch, der nur schwer in frontalem Unterricht mit Einzelarbeit realisiert werden kann. Der Abbau sozialer Angst sollte am besten in einem guten Klassenklima mit vertrauensvoller Schüler-Lehrer-Beziehung gelingen, indem in sozialen Lernarrangements der Erwerb von Kompetenzen ermöglicht wird. Eingesetzte Methoden und Sozialformen müssen die Ausprägung einer ganzheitlichen Lernkompetenz zum Ziel haben, die alle Kompetenzbereiche vereint und nicht nur Wert auf die Wissensvermittlung, sondern auch Persönlichkeitsentwicklung der Schüler legt. Das Kompetenzmodell von Jürgens macht den Zusammenhang der Kompetenzbereiche deutlich:[71]

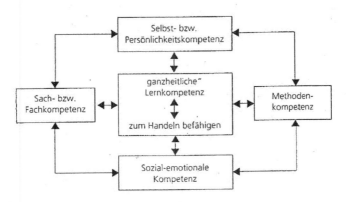

Die ganzheitliche Kompetenzentwicklung hilft dabei, Angst gar nicht erst entstehen zu lassen. Durch offenen Unterricht werden die Schüler von Anfang an dazu animiert, soziale Kompetenz und Selbstkompetenz aufzubauen, was sie vor Schulangst schützt. Mittlerweile ist die Einsicht in die Notwendigkeit der Veränderung von Unterricht sogar schon so etabliert, dass auch im Stufenplan des Landes Brandenburg, der Teil eines jeden Rahmenlehrplans in der Sekundarstufe I ist, die Entwicklung der vier Kompetenzbereiche Sach-, Methoden-,

---

[71] Siehe Jürgens 2002, S.136.

Sozialkompetenz und personale Kompetenz als fächerübergreifendes allgemeines Lernziel formuliert ist.[72]

4. Abschließende Bemerkungen

Die Arbeit hat versucht, das komplexe Phänomen Angst ein wenig zu ordnen und Angst in schulischem Kontext näher zu bestimmen. Festzuhalten bleibt, dass die Institution Schule voller möglicher Angstauslöser ist. Da Angst ein sehr subjektives Gefühl ist, sind Situationen, die für manche Schüler normal und daher leicht zu bewältigen sind, für andere eine große Hürde, weil sie mit großer Angst verbunden sind. Dies kann beispielsweise eine Prüfung sein, die eine Benotung mit sich bringt, dies kann aber auch das bloße laute Vorlesen eines Textabschnittes innerhalb einer Gruppe oder die Antwort auf eine Frage des angsteinflößenden Lehrers sein. Deutlich wird anhand dieser Beispiele nochmals die Vermischung von Leistungsangst und sozialer Angst. Um solche eigentlich unnötigen schulbezogenen Ängste zu vermeiden, ist es die erste Aufgabe des Lehrers, sich über mögliche schulische Ängste, deren Ursachen sowie Auftreten und deren Reduktion zu informieren. Andere Auffälligkeiten und Störungen, wie beispielsweise aggressives Verhalten oder Hyperaktivität sind augenfälliger, weshalb ruhigere ängstliche Schüler zum Teil vom Lehrer nicht wahrgenommen werden. Zudem muss er sich natürlich um die Befindlichkeiten seiner Schüler kümmern wollen, also aufmerksam und sensibel sein, um solche Probleme seiner Schüler überhaupt zu erkennen. Durch ein gutes Klassenklima, vertrauensvolle Beziehungen, respektvollen Umgang und die Beförderung einer ganzheitlichen Kompetenzentwicklung sollten so viele vermeidbare Ängste auch präventiv vermieden werden. Ein transparenter Umgang mit Leistungsüberprüfungen und die Betonung des individuellen Lernfortschritts als Ergänzung zur sachlichen Bezugsnorm bei der Notengebung sollte auch Prüfungen einen Großteil ihrer angsteinflößenden Ausstrahlung nehmen.

Da Ängste in der Schule einen großen Einfluss auf die Schüler, auf ihre Schullaufbahn und auf ihr gesamtes weiteres Leben haben, ist jeder Lehrer in der Verantwortung, Schulangst zu vermeiden. Trotzdem muss natürlich auch mitbedacht werden, dass es sich bei Schulangst nur um einen von vielen möglichen Einflussfaktoren handelt, der Schulversagen befördert,[73] und so sollte sich ein jeder Lehrer auch generell mit diesem ganzen Bereich beschäftigen.

---

[72] Vgl. dazu beispielsweise den *Rahmenlehrplan Deutsch – Sekundarstufe I,* 2002, S. 9-10.
[73] Für eine umfassende Darstellung der möglichen Faktoren von Schulversagen siehe Tupaika 2003.

5. Literaturverzeichnis

Beer, F.: *Angst und Angstbewältigung. Bericht über einen Schulversuch.* In: Beer, F. / Guttmann, G. / Huber, G. / Kutalek, I. / Neumann, I. (Hrsg.): *Angst und Angstbewältigung.* Herausgegeben vom Bundesministerium für Unterricht und Kunst. Eugen Ketterl, Wien 1992, S. 19-50.

Dilling, H. / Mombour, W. / Schmidt, M.H. / Schulte-Markwort, E. (Hrsg.): *Weltgesundheitsorganisation: Internationale Klassifikation psychischer Störungen. ICD-10 Kapitel V (F). Forschungskriterien.* Hans Huber, Bern u.a. 1994.

Döpfner, M. / Suhr-Dachs, L.: *Leistungsängste. Therapieprogramm für Kinder und Jugendliche mit Angst- und Zwangsstörungen (THAZ) – Band 1.* Hogrefe, Göttingen u.a. 2005.

Essau, C.A.: *Angst bei Kindern und Jugendlichen.* Reinhardt, München 2003.

Gesundheitsberichterstattung des Bundes. Heft 21: Angststörungen. Herausgegeben vom Robert Koch-Institut, Berlin 2004.

Heyne, D. / Rollings, S.: *School Refusal.* BPS Blackwell, Oxford u.a. 2002.

Jürgens, E.: *Von frontal bis offen – Unterrichtsentwicklung interdisziplinär begründet.* In: *Lernwelten.* Heft 3/2002, S. 135-140.

Kearney, C.A.: *School Refusal Behavior in Youth. A Functional Approach to Assessment and Treatment.* American Psychological Association, Washington, DC 2001.

Krohne, H.W. / Hock, M.: *Elterliche Erziehung und Angstentwicklung des Kindes. Untersuchungen über die Entwicklungsbedingungen von Ängstlichkeit und Angstbewältigung.* Hans Huber, Bern u.a. 1994.

Krohne, H.W.: *Angst und Angstbewältigung.* Kohlhammer, Stuttgart u.a. 1996.

Möller, J.: *Attributionen.* In: In: Rost, D.H. (Hrsg.): *Handwörterbuch Pädagogische Psychologie.* 2. überarbeitete und erweiterte Auflage. Beltz Psychologie Verlags Union, Weinheim 2001, S. 36-41.

Petersen, E.D.: *Schulphobie.* In: Rost, D.H. (Hrsg.): *Handwörterbuch Pädagogische Psychologie.* 2. überarbeitete und erweiterte Auflage. Beltz Psychologie Verlags Union, Weinheim 2001, S. 596-600.

Rahmenlehrplan Deutsch - Sekundarstufe 1. Herausgegeben vom Ministerium für Bildung, Jugend und Sport des Landes Brandenburg. Wissenschaft und Technik Verlag, Berlin 2002.

Rost, D.H.: *Leistungsängstlichkeit.* In: Rost, D.H. (Hrsg.): *Handwörterbuch Pädagogische Psychologie.* 2. überarbeitete und erweiterte Auflage. Beltz Psychologie Verlags Union, Weinheim 2001, S. 405-413.

Schnabel, K.: *Prüfungsangst und Lernen. Empirische Analysen zum Einfluss fachspezifischer Leistungsängstlichkeit auf schulischen Lernfortschritt.* (Pädagogische Psychologie und Entwicklungspsychologie, Band 5) Waxmann, Münster u.a. 1998.

Schnabel, K.: *Was wird aus prüfungsängstlichen Schülern?* In: *BIJU-News. Ergebnisse aus der Bildungsforschung. September 2000.* Herausgegeben vom Max-Planck-Institut für Bildungsforschung, Berlin 2000, S. 1-2.

Schwarzer, R.: *Streß, Angst und Handlungsregulation.* 4. überarbeitete Auflage. Kohlhammer, Stuttgart u.a. 2000.

Sörensen, M.: *Einführung in die Angstpsychologie*. 4. Auflage. Deutscher Studien Verlag, Weinheim 2002.

Specht, M.K.I. / Petermann, F.: *Der Einsatz des Rollenspiels im Training sozial ängstlicher Kinder*. In: *Kindheit und Entwicklung*. Jahrgang 8, Heft 4. Hogrefe, Göttingen 1999, S. 218-225.

Stöber, J. / Schwarzer, R.: *Angst*. In: Otto, J.H. / Euler, H.A. / Mandl, H. (Hrsg.): *Emotionspsychologie. Ein Handbuch*. Beltz, Weinheim 2000, S. 189-198.

Strittmatter, P.: *Schulangstreduktion. Abbau von Angst in schulischen Leistungssituationen*. Luchterhand, Neuwied u.a. 1993.

Suhr, L. / Döpfner, M.: *Leistungs- und Prüfungsängste bei Kindern und Jugendlichen – Ein multimodales Therapiekonzept*. In: *Kindheit und Entwicklung*. Jahrgang 9, Heft 3. Hogrefe, Göttingen 2000, S. 171-186.

Tarnai, C. / Paschon, A. / Riffert, F. / Eckstein, K.: *Selbstwirksamkeitsüberzeugung und Schulangst*. In: *Salzburger Beiträge zur Erziehungswissenschaft*. Jahrgang 4, Nr. 1 Frühling 2000, S. 5-20.

Tücke, M.: *Psychologie in der Schule – Psychologie für die Schule. Eine themenzentrierte Einführung in die Pädagogische Psychologie für (zukünftige) Lehrer*. (Osnabrücker Schriften zur Psychologie 4) 3. unveränderte Auflage. LIT, Münster u.a. 1999.

Tupaika, J.: *Schulversagen als komplexes Phänomen. Ein Beitrag zur Theorieentwicklung*. Klinkhardt, Bad Heilbrunn 2003.

Wieczerkowski, W. / Nickel, H. / Janowski, A. / Fittkau, B. / Rauer, W.: *Angstfragebogen für Schüler (AFS)*. 6. Auflage. Westermann, Göttingen 1981.